FRANCISCO

SCRIPTURAE SACRAE AFFECTUS

*Carta Apostólica no XVI centenário
da morte de São Jerónimo*

Introdução do
Cardeal GIANFRANCO RAVASI

LIBRERIA
EDITRICE
VATICANA

ISBN 978-88-266-0528-9

www.vatican.va

www.libreriaeditricevaticana.com

INTRODUÇÃO

Era o dia 30 de setembro de 420 e em Belém, perto da gruta da Natividade de Cristo, o dálmata Jerónimo terminava a sua existência terrena, cuja trama tinha sido particularmente variada e até atormentada. Exatamente mil e seiscentos anos após aquele dia de outono, o Papa Francisco quis dedicar-lhe uma ampla e intensa Carta Apostólica, que constitui a substância deste pequeno volume. De facto, o título *Scripturae Sacrae affectus*, tirado da liturgia da memória do santo, constitui uma síntese extraordinária da sua experiência pessoal e da sua obra, quase uma bandeira emblemática daquele que está na memória de todos como o tradutor por excelência da Bíblia através daquela *Vulgata* que atravessou os séculos.

Precisamente por esta razão a sua figura tem sido um ponto de referência capital para a história da cultura ocidental e também para a arte, e é verdadeiramente surpreendente que o próprio Papa tenha querido evocar alguns aspetos «sapienciais» artísticos, partindo da «comovedora obra-prima» do quadro de Jerónimo penitente no deserto, que Leonardo da Vinci executou por volta de 1482 e que teve uma vicissitude com contornos romanescos. As últimas horas da vida do santo foram representadas pelo imponente retábulo no qual Domenichino, entre 1611 e 1614, fixou a extrema *Comunhão de São Jerónimo*, obra preservada, como a outra, na Pinacoteca do Vaticano. Numa atmosfera hierática o célebre «Leão de Belém», já debilitado, recebe a Eucaristia rodeado pelos seus discípulos e pela fiel Paula, testemunhas das comunidades monásticas por ele fundadas.

* * *

A Carta Apostólica é um verdadeiro retrato histórico-teológico deste apaixonado cultor da Palavra de Deus, é uma guia para a sua vasta atividade exegética e espiritual, é um apelo a seguir os seus passos «amando o que ele amou». A clareza do ditado e da estrutura do texto papal é tal que não requer comentários, mas apenas uma leitura cuidadosa: cada página está impregnada de citações muito evocativas tiradas dos escritos jeronimitas. Por esta razão é realmente possível quase ouvir a sua voz, com a multiplicidade de tons, ênfases, os mesmos sentimentos de uma personalidade tão forte e as características típicas dos profetas bíblicos com a sua veemência e paixão.

A complexa sequência de eventos biográficos distribuídos sobretudo entre Roma e a Terra Santa é reconstruída de forma exata e vivaz, partindo do famoso ponto de viragem da quaresma de 375, que também nós queremos recordar. Sonolento devido à febre, na sua mente tinha-se aberto uma espécie de visão. Em pé diante do Juiz divino, «fui interrogado sobre a minha condição; respondi que era cristão! Mas Aquele que presidia a essa assembleia retorquiu: tu mentes! És um ciceroniano, não um cristão». «Senhor – respondi – se continuar a ter livros mundanos nas minhas mãos, se os ler, será como se vos tivesse renegado!». Assim, o santo relatou o grande ponto de viragem na sua vida numa carta, a N. 22 do catálogo tradicional, dirigida à fiel discípula Eustóquio.

«Tornei-me então», escreveu noutra epístola, «discípulo de um irmão judeu convertido para aprender, depois das subtilezas de Quintiliano, dos rios de eloquência de Cícero, da gravidade de Frontão e da agradabilidade de Plínio, um novo alfabeto e para praticar a pronúncia de sons estridentes e aspirantes. Que cansaço foi para mim, que dificuldades encontrei, quantas vezes parei e depois, devido ao desejo de aprender, recomecei, só a minha consciência o pode testemunhar, a qual suportou tudo, mas também a daqueles que foram meus companheiros na vida». Assim começou a grande aventura que se tornou famosa com o nome *Vulgata*, ou seja, a elaboração de uma tradução «popular» latina da Bíblia.

A partir desse momento, o Papa segue todo o itinerário, nalguns aspetos fascinante e cheio de acontecimentos, da experiência cristã de Jerónimo, que tem o seu coração no amor pela Sagrada Escritura enfrentado na sua dupla dimensão de «letra» e «espírito». O eixo fundamental da sua vicissitude humana e espiritual encontra-se na sua obra de tradução, encarnada precisamente na *Vulgata*, «o fruto mais doce da árdua sementeira» dos seus estudos literários e histórico-críticos. A este respeito, o Papa Francisco oferece não só uma série de preciosas anotações sobre a importância desta operação nas suas caraterísticas básicas, mas também na importância eclesial por ela registada. Acima de tudo, capta a sua alma muito original, que está também na raiz de cada tradução qualificada que continua a revelar-se ainda hoje através das versões incessantes da Bíblia nas mais diversas línguas.

A tradução, de facto, é um ato de inculturação e, a este respeito, ao recuperar explicitamente uma reflexão significativa desenvolvida pelo pensamento contemporâneo (P. Ricoeur, L. Wittgenstein, G. Steiner) o Papa estabelece «uma analogia entre a tradução, enquanto ato de hospitalidade linguística, e outras formas de acolhimento. Por isso, a tradução não é um trabalho que tem a ver unicamente com a linguagem, mas corresponde verdadeiramente a uma decisão ética mais ampla, que está ligada com a visão inteira da vida. Sem tradução, as diferentes comunidades linguísticas ver-se-iam impossibilitadas de comunicar entre si; fecharíamos as portas da história uns aos outros e negaríamos a possibilidade de construir uma cultura do encontro. Com efeito, sem tradução, não se dá hospitalidade, antes pelo contrário, reforçam-se as ações de hostilidade. O tradutor é um construtor de pontes. Quantos juízos precipitados, quantas condenações e conflitos nascem do facto de ignorarmos a língua dos outros e de não nos aplicarmos, com tenaz esperança, a esta prova de amor infindável que é a tradução!».

* * *

Com todas as reservas críticas, muitas vezes compreensíveis considerando as diferentes coordenadas cronológicas e culturais e a nossa sensibilidade filológica diferente, a *Vulgata* não só constituiu um monumento literário do latim tardio, como também plasmou a linguagem teológica do Ocidente cristão. Na verdade, o sucesso chegou à obra de Jerónimo apenas alguns séculos mais tarde. Foi São Gregório Magno, Papa de 590 a 604, que utilizou a tradução de Jerónimo para os seus escritos exegéticos e espirituais. Seguiram-no o quase contemporâneo Isidoro de Sevilha e Beda, o Venerável, que morreu em 735. O rio de cópias cresceu sem medida, arrastando com ele todo o tipo de detritos, ou seja, erros dos escribas, alterações intencionais, variações marginais, contaminações com outras antigas versões latinas. Foi então necessário proceder a revisões e codificações, o que deu origem a verdadeiras tipologias textuais representadas por famílias de códices, agrupadas convencionalmente de acordo com as áreas geográficas.

Assim nasceu o chamado modelo «italiano», que recebeu o nome da área primária de difusão da *Vulgata*: não se deve esquecer que o historiador e teólogo Cassiodoro, no século VI, foi, com São Gregório, um criador da adoção da versão jeronimita para leitura e estudo da Bíblia no seu *Vivarium*, a «universidade» por ele fundada nas suas terras de Squillace na Calábria. Havia uma tipologia «Gálica» ligada a Alcuin, encarregado para esta operação por Carlos Magno (século VIII-IX); outros modelos apareceram na Espanha e na Irlanda. Não é necessário para os nossos propósitos traçar o perfil deste delta ramificado no qual o rio da *Vulgata* desembocou, nem descrever as revisões feitas por várias personagens, tais como São Pier Damiani e Lanfranco de Pavia no século XI. O texto mais difundido que continuou o seu caminho nos séculos seguintes até ao Renascimento foi a chamada *Biblia Parisiensis*, em uso na Universidade de Paris, contudo uma das formas menos perfeitas da longa vida da *Vulgata*.

Foi apenas no Concílio de Trento que, após a «autenticidade» da *Vulgata* ter sido afirmada como texto bíblico oficial da Igreja católica (8 de abril de 1546) – sobre cujo valor específico a Carta Apostólica oferece uma indicação essencial e exata – que o voto foi expresso para uma «edição típica» mais rigorosa. O desejo dos Padres conciliares só se realizou a 9 de novembro de 1592, após acontecimentos conturbados que envolveram cinco papas (Pio IV, Pio V, Sisto V, Gregório XIV, Clemente VIII). A edição definitiva foi então publicada com o título *Biblia Sacra Vulgatae editionis Sixti Quinti Pont. iussu recognita atque edita*. Na edição de Leão de 1604 também foi acrescentado o nome de Clemente VIII e a partir de então foi chamada «Bíblia sisto-clementina». Nos séculos seguintes as revisões foram incessantes até à proposta particular da *Neovulgata* promulgada por S. João Paulo II em 1979 e explicitamente mencionada na Carta.

É um facto que, apesar da diferença de épocas, a *Vulgata* ainda hoje exerce um indubitável fascínio literário, também pelo seu uso na história da arte e da música. Além disso, como foi dito, condicionou de alguma forma o pensamento e o vocabulário teológico. Agora, o estudioso francês Georges Mounin definiu ironicamente cada boa tradução como uma *belle infidèle*, bela, sim, mas com um grau de infidelidade em comparação com a matriz original, especialmente quando se trata de sistemas linguísticos e culturais diferentes. Prosseguiu na esteira do grande Cervantes, o autor de *Dom Quixote*, que estava convencido de que cada versão era como o reverso desbotado de uma bela tapeçaria. Os problemas levantados pela tradução de um texto não são, de facto, apenas linguístico-literários mas hermenêuticos, especialmente quando no meio há uma Escritura «sagrada». No entanto, ainda hoje, Jerónimo permanece, neste sentido, um emblema de mérito e método, com o seu rigor e liberdade, com o seu conhecimento e criatividade.

* * *

Mas indo além das questões estritamente críticas, o Papa, quase como pano de fundo de todo o texto, nesta celebração centenária, orienta a comunidade eclesial a retomar o legado substancial de São Jerónimo, ou seja, o amor feito de estudo e de adesão vital à Palavra de Deus. Este é um tema constantemente exaltado pelo Magistério eclesial. Em particular, sobressaem as confirmações do Concílio Vaticano II com a *Dei Verbum*, a Exortação Apostólica *Verbum Domini* que Bento XVI emitiu precisamente em memória do santo, a 30 de setembro de 2010, a *Evangelii Gaudium* e a *Aperuit illis* do próprio Papa Francisco, nem se pode esquecer que no paralelo do XV centenário da morte de Jerónimo, em 1920, Bento XV promulgou a encíclica *Spiritus Paraclitus*. De facto, «o traço peculiar da figura espiritual de São Jerónimo é, sem dúvida, o seu amor apaixonado à Palavra de Deus, transmitida à Igreja na Sagrada Escritura».

Nas páginas da Carta Apostólica sobressaem outras características. Em particular o seu compromisso teórico e prático pela vida monástica, bem como o seu amor vivo pela Virgem Mãe que «ponderava no seu coração» (*Lc* 2, 19.51), «porque era santa e lera a Sagrada Escritura, conhecia

os profetas e lembrava-se do que o anjo Gabriel
Lhe anunciara e fora vaticinado pelos profetas».
Um traço, geralmente menos acentuado e que o
Papa Francisco desenvolve, é a ligação do santo
com a Cátedra de Pedro. Também predomina
no Padre da Igreja aquele eixo cristológico que
guiará não só a sua fé mas inclusive a sua exegese. À sua figura aplica-se, de facto, o que ele
próprio escreveu sobre o seu amigo Nepociano:
«Com leitura assídua e meditação constante, ele
fez do seu coração uma biblioteca de Cristo».

Esta nossa premissa – dedicada a um texto
verdadeiramente luminoso como o são estas páginas consagradas pelo Papa Francisco a um Padre da Igreja, com um temperamento ardente e
até provocador, mas também com uma fé límpi-
da e calorosa como era São Jerónimo – poderia
facilmente ter um selo no próprio documento
pontifício. A síntese final, com efeito, deve ser
procurada no apelo conclusivo da Carta. Reto-
mando a imagem que acaba de ser proposta da
«biblioteca de Cristo», o Papa recorda-nos que
a de Jerónimo é uma biblioteca viva que «continua a ensinar-nos o que significa o amor de
Cristo, um amor inseparável do encontro com a
sua Palavra. Por isso, o centenário atual constitui
um apelo a amar o que Jerónimo amou, redescobrindo os seus escritos e deixando-se tocar

pelo impacto duma espiritualidade que se pode descrever, no seu núcleo mais vital, como o desejo inquieto e apaixonado dum conhecimento maior do Deus da Revelação. Como podemos deixar de ouvir, em nossos dias, aquilo a que Jerónimo instigava sem cessar os seus contemporâneos: "Lede com muita frequência as divinas Escrituras; aliás, que o Livro Sagrado nunca seja deposto das vossas mãos"?».

Cardeal GIANFRANCO RAVASI

FRANCISCO

Carta Apostólica

Scripturae Sacrae affectus

no XVI centenário da morte de São Jerónimo

O AFETO À SAGRADA ESCRITURA, um terno e vivo amor à Palavra de Deus escrita é a herança que São Jerónimo, com a sua vida e as suas obras, deixou à Igreja. Tais expressões, tiradas da memória litúrgica do Santo,[1] dão-nos uma chave de leitura indispensável para conhecermos, no XVI centenário da morte, a sua figura saliente na história da Igreja e o seu grande amor a Cristo. Este amor ramifica-se, como um rio em muitos canais, na sua obra de incansável estudioso, tradutor, exegeta, profundo conhecedor e apaixonado divulgador da Sagrada Escritura; na sua obra de intérprete primoroso dos textos

---

[1] «*Deus qui beato Hieronymo presbitero suavem et vivum Scripturæ Sacræ affectum tribuisti, da, ut populus tuus verbo tuo uberius alatur et in eo fontem vitae inveniet* – Ó Deus, que destes ao presbítero São Jerónimo um terno e vivo afeto à Sagrada Escritura, fazei que o vosso povo se alimente cada vez mais com a vossa palavra e encontre nela a fonte da vida»: Oração Coleta da Missa de São Jerónimo, *Missale Romanum*, editio typica tertia (Cidade do Vaticano 2002).

bíblicos; de defensor ardente e por vezes impetuoso da verdade cristã; de eremita asceta e intransigente, bem como de sábia guia espiritual, na sua generosidade e ternura. Passados mil e seiscentos anos, a sua figura continua a ser de grande atualidade para nós, cristãos do século XXI.

Introdução

A 30 de setembro de 420, terminava a vida terrena de Jerónimo em Belém, na comunidade que ele fundara na gruta da Natividade. Assim se entregava àquele Senhor que nunca cessara de procurar e conhecer na Escritura; o mesmo que ele, febricitante, tinha contemplado como Juiz, numa visão, talvez na Quaresma de 375. Naquele acontecimento, que marcou uma viragem decisiva na sua vida, momento de conversão e mudança de perspetiva, sentiu-se arrastado até à presença do Juiz. «Interrogado sobre a minha condição, respondi que era cristão. Mas, Aquele que presidia retorquiu: "Mentes… Tu és ciceroniano; não, cristão!" ».[2] Na realidade, desde muito jovem, Jerónimo apreciara a beleza cristalina dos textos clássicos latinos, em comparação dos

---

[2] São Jerónimo, *Epistula* 22, 30: *CSEL* 54, 190.

quais os escritos da Bíblia, num primeiro tempo, se lhe apresentavam rudes e sem sintaxe, grosseiros demais para os seus refinados gostos literários.

Aquele episódio da sua vida concorre para a decisão de se dedicar inteiramente a Cristo e à sua Palavra, consagrando a sua existência a tornar as palavras divinas cada vez mais acessíveis aos outros, com o seu trabalho incansável de tradutor e comentador. Aquele acontecimento imprime na sua vida uma orientação nova e mais convicta: tornar-se servidor da Palavra de Deus, como enamorado da «carne da Escritura». Assim, na investigação contínua que caraterizou a sua vida, valoriza os seus estudos da juventude e a formação recebida em Roma, orientando o seu saber para um serviço mais maturo a Deus e à comunidade eclesial.

Por isso, São Jerónimo conta-se, a pleno título, entre as grandes figuras da Igreja antiga, no período definido como o século áureo da Patrística, verdadeira ponte entre o Oriente e o Ocidente: é amigo de juventude de Rufino de Aquileia, encontra Ambrósio e troca intensa correspondência com Agostinho. No Oriente, conhece Gregório Nazianzeno, Dídimo o Cego, Epifânio de Salamina. Assim o consagra a tradição iconográfica cristã ao representá-lo, juntamente com Agostinho, Ambrósio e Gregório Magno, entre os quatro grandes doutores da Igreja do Ocidente.

Já os meus antecessores quiseram, em várias circunstâncias, lembrar a sua figura. Há um século, por ocasião do décimo quinto centenário da morte, Bento XV dedicou-lhe a carta encíclica *Spiritus Paraclitus* (15 de setembro de 1920), apresentando-o ao mundo como «*doctor maximus explanandis Scripturis* – doutor eminente na interpretação das Escrituras».[3] Mais recentemente, Bento XVI apresentou a personalidade dele e as suas obras, em duas catequeses sucessivas.[4] Agora, no décimo sexto centenário da morte, desejo também eu recordar São Jerónimo e repropor a atualidade da sua mensagem e ensinamentos, a começar pelo seu grande afeto às Escrituras.

Neste sentido, é possível relacioná-lo idealmente, como guia seguro e testemunha privilegiada, com a XII Assembleia do Sínodo dos Bispos, dedicada à Palavra de Deus,[5] e com a exortação apostólica *Verbum Domini* do meu predecessor

---

[3] Cf. *AAS* 12 (1920), 385-423.

[4] Audiências Gerais de 7 e 14 de novembro de 2007: *Insegnamenti*, III/2 (2007), 553-556; 586-591.

[5] Cf. SÍNODO DOS BISPOS – XII ASSEMBLEIA GERAL ORDINÁRIA, *Mensagem ao Povo de Deus* (24 de outubro de 2008).

Bento XVI, publicada precisamente na memória
do Santo, em 30 de setembro de 2010.[6]

De Roma a Belém

A vida e o itinerário pessoal de São Jerónimo
consumam-se ao longo das estradas do Império
Romano, entre a Europa e o Oriente. Nascido
por volta de 345 em Estridão, na fronteira entre
a Dalmácia e a Panónia, no território atual da
Croácia ou da Eslovénia, recebe uma sólida edu-
cação na sua família cristã. Segundo o costume
de então, é batizado em idade adulta, nos anos
que transcorre em Roma como estudante de retórica, entre 358 e 364. É precisamente neste período romano que se torna leitor insaciável dos
clássicos latinos, que estuda sob a orientação
dos mestres de retórica mais ilustres da época.

Terminados os estudos, empreende uma
longa viagem pela Gália que o leva à cidade im-
perial de Tréveris, hoje na Alemanha. Aqui entra
em contacto, pela primeira vez, com a experiência monástica oriental, difundida por Santo Ata-
násio. Amadurece assim nele um desejo profundo que o impele até Aquileia, onde com alguns

---

⁶ Cf. *AAS* 102 (2010), 681-787.

amigos seus – «um coro de bem-aventurados»[7]
– começa um período de vida comunitária.

Por volta do ano 374, passando por Antioquia, decide retirar-se para o deserto de Cálcida, a fim de se entregar, de forma cada vez mais radical, a uma vida ascética em que se reserva grande espaço para o estudo das línguas bíblicas: primeiro, o grego e, depois, o hebraico. Confia-se a um irmão judeu, batizado, que o introduz no conhecimento da nova língua – o hebraico – e dos seus sons, que define «estridentes e aspirados».[8]

O deserto, com a subsequente vida eremita, é escolhido e vivido por Jerónimo no seu significado mais profundo: o lugar das opções existenciais fundamentais, de intimidade e encontro com Deus, onde, através da contemplação, das provações interiores, do combate espiritual, chega ao conhecimento da fragilidade, com uma maior consciência das limitações próprias e alheias, reconhecendo a importância das lágrimas.[9] Deste modo, no deserto, sente a presença concreta de Deus, a necessidade do relacionamento do ser humano com Ele, a sua misericor-

---

[7] São Jerónimo, *Chronicum* 374: *PL* 27, 697-698.
[8] Idem, *Epistula* 125, 12: *CSEL* 56, 131.
[9] Cf. *Epistula* 122, 3: *CSEL* 56, 63.

diosa consolação. A propósito, gosto de lembrar uma história, de tradição apócrifa. Jerónimo pergunta ao Senhor: «Que quereis de mim?». E Ele responde: «Ainda não Me deste tudo». «Mas, Senhor, já Vos dei isto… isto… e isto…» – «Falta uma coisa!» – «O quê?» – «Dá-Me os teus pecados, para que Eu possa ter a alegria de voltar a perdoá-los».[10]

Em seguida vamos encontrá-lo em Antioquia, onde é ordenado sacerdote pelo bispo Paulino; depois em Constantinopla por volta do ano 379, onde conhece Gregório Nazianzeno e onde continua os seus estudos, dedica-se à tradução em latim de importantes obras do grego (homilias de Orígenes e a crónica de Eusébio), respira o clima do Concílio celebrado naquela cidade em 381. Nestes anos, é no estudo que se revelam a sua paixão e a sua generosidade. Trata-se duma bendita inquietude, que o guia e torna incansável e apaixonado na investigação: «De vez em quando desesperava-me; várias vezes desisti; mas depois retomava pela obstinada decisão

---

[10] Cf. Francisco, *Homilia na Missa matutina* (10 de dezembro de 2015). A história é contada por A. Louf, *Sotto la guida dello Spirito* (Qiqajon, Magnano-BI 1990), 154-155.

de aprender», levado pela «semente amarga» de tais estudos a colher «frutos saborosos».[11]

Em 382, Jerónimo volta a Roma, colocando-se à disposição do Papa Dâmaso que, apreciando as suas grandes qualidades, faz dele seu estreito colaborador. Aqui Jerónimo empenha-se numa atividade incessante, sem esquecer a dimensão espiritual: no Aventino, graças ao apoio de mulheres da aristocracia romana desejosas de radicais opções evangélicas, como Marcela, Paula e sua filha Eustóquia, ele cria um cenáculo baseado na leitura e estudo rigoroso da Escritura. Jerónimo é exegeta, professor, guia espiritual. Neste período, empreende uma revisão das traduções latinas anteriores dos Evangelhos, e mesmo talvez doutras partes do Novo Testamento; continua o seu trabalho como tradutor de homilias e comentários das Escrituras de Orígenes, desdobra-se numa frenética atividade epistolar, discute publicamente com autores heréticos, por vezes com excessos e rispidez, mas sempre movido sinceramente pelo desejo de defender a verdadeira fé e o depósito das Escrituras.

Este período intenso e fecundo interrompe-se com a morte do Papa Dâmaso. Vê-se forçado a deixar Roma e, seguido por amigos e algumas

---

[11] São Jerónimo, *Epistula* 125, 12: *CSEL* 56, 131.

mulheres desejosas de continuar a experiência espiritual e de estudo bíblico iniciada, parte para o Egito – onde encontra o grande teólogo Dídimo o Cego – e depois a Palestina, acabando por se estabelecer definitivamente em Belém no ano 386. Retoma os seus estudos filológicos, ancorados aos lugares físicos que foram o cenário daquelas narrações.

A importância dada aos Lugares Santos é evidenciada não só pela escolha de morar na Palestina, de 386 até à morte, mas também pelo serviço a favor das peregrinações. Precisamente em Belém, lugar privilegiado para ele, junto da gruta da Natividade funda dois mosteiros «gémeos», masculino e feminino, com hospedarias para o acolhimento dos peregrinos que vinham *ad loca sancta*, revelando a sua generosidade em hospedar as pessoas que chegavam àquela terra para ver e tocar os lugares da história da salvação, unindo assim a investigação cultural com a espiritual.[12]

Colocando-se à escuta na Sagrada Escritura, Jerónimo encontra-se a si mesmo, encontra o rosto de Deus e o dos irmãos, e apura a sua predileção pela vida comunitária. Daqui o seu desejo de

---

[12] Cf. BENTO XVI, Exort. ap. pós-sinodal *Verbum Domini*, 89: *AAS* 102 (2010), 761-762.

viver com os amigos, como sucedia já no período de Aquileia, e fundar comunidades monásticas, encalçando o ideal cenobítico de vida religiosa que vê o mosteiro como «ginásio» onde formar pessoas «que, para ser a primeira de todas, se consideram inferiores a todas», felizes na pobreza e capazes de ensinar com o próprio estilo de vida. Na verdade, considera formativo viver «sob o governo de um único superior e na companhia de muitos» para aprender a humildade, a paciência, o silêncio e a mansidão, na consciência de que «a verdade não gosta dos cantos escuros, nem escolhe os murmuradores».[13] Além disso, confessa «ansiar pelas pequenas celas do mosteiro, (...) desejar a solicitude das formigas, onde se trabalha juntos e nada há que seja propriedade duma pessoa, mas tudo é de todos».[14]

No estudo, Jerónimo encontra, não um deleite efémero como fim em si mesmo, mas um exercício de vida espiritual, um meio para chegar a Deus; e, assim, a própria formação clássica dele ordena-se para um serviço mais maturo à comu-

---

[13] São Jerónimo, *Epistula* 125, 9.15.19: *CSEL* 56, 128.133-134.139.

[14] Idem, *Vita Malchi monachi captivi* 7, 3: *PL* 23, 59-60; ou então B. Degórski (ed.), *Opere storiche e agiografiche*, vol. XV da coletânea «Opere di San Girolamo» (Città Nuova, Roma 2014), 196-199.

nidade eclesial. Pensemos na ajuda prestada ao
Papa Dâmaso, no ensino que dedica às mulheres, especialmente do hebraico, desde o primeiro
cenáculo no Aventino, a ponto de fazer entrar
Paula e Eustóquia «nas lutas dos tradutores»[15] e,
coisa então inaudita, garantir-lhes a possibilidade de ler e cantar os Salmos na língua original.[16]

A sua é uma cultura colocada ao serviço dos
outros, insistindo na necessidade dela para todo o
evangelizador. Assim o recorda ao amigo Nepociano: «A palavra do sacerdote deve ganhar sabor
graças à leitura das Escrituras. Não quero que sejas
um declamador ou um charlatão com muitas palavras, mas alguém que entende a doutrina sagrada
(*mysterii*) e conhece profundamente os ensinamentos (*sacramentorum*) do teu Deus. É típico dos igno-
rantes jogar com as palavras e ganhar a admiração
do povo inexperiente com uma declamação rápida.
Os desavergonhados muitas vezes explicam o que
não conhecem e pretendem ser grandes peritos só
porque conseguem persuadir os outros».[17]

Em Belém, Jerónimo vive – até à morte, em
420 – o período mais fecundo e intenso da sua

[15] São Jerónimo, *Praef. Esther*, 2: *PL* 28, 1505.
[16] Cf. Idem, *Epistula* 108, 26: *CSEL* 55, 344-345.
[17] Idem, *Epistula* 52, 8: *CSEL* 54, 428-429; cf. Bento XVI,
Exort. ap. pós-sinodal *Verbum Domini*, 60: *AAS* 102 (2010), 739.

vida, totalmente dedicado ao estudo da Escritura, empenhado na obra monumental da tradução de todo o Antigo Testamento a partir do original hebraico. Ao mesmo tempo, comenta os livros proféticos, os salmos, as obras paulinas; escreve subsídios para o estudo da Bíblia. O precioso trabalho recolhido nas suas obras é fruto de comparação e colaboração, desde copiar e agrupar manuscritos até à reflexão e debate: «Nunca me fiei das minhas próprias forças para estudar os livros divinos, (...) tenho o hábito de questionar-me mesmo sobre o que eu pensava saber e, com maior razão, sobre aquilo que não tinha certeza».[18] Por isso, ciente das próprias limitações, pede apoio contínuo na oração de intercessão pelo bom sucesso da sua tradução dos textos sagrados «no mesmo Espírito com que foram escritos»,[19] sem se esquecer de traduzir também obras de autores indispensáveis ao trabalho exegético, como Orígenes, para «colocar este material à disposição de quem deseja aprofundar os estudos científicos».[20]

[18] São Jerónimo, *Praef. Paralipomenon LXX*, 1.10-15: *SCh* 592, 340.
[19] São Jerónimo, *Praef. in Pentateuchum*: *PL* 28, 184.
[20] Idem, *Epistula* 80, 3: *CSEL* 55, 105.

O estudo de Jerónimo aparece como um esforço realizado em comunidade e ao serviço da comunidade, modelo de sinodalidade também para nós, para os nossos dias e para as diferentes instituições culturais da Igreja, para que sejam sempre «um lugar onde o conhecimento se torna serviço, porque, sem conhecimento nascido da colaboração e resultando em cooperação, não há desenvolvimento humano genuíno e integral».[21] O fundamento de tal comunhão é a Escritura, que não podemos ler sozinhos: «A Bíblia foi escrita pelo Povo de Deus e para o Povo de Deus, sob a inspiração do Espírito Santo. Somente com o "nós", isto é, nesta comunhão com o Povo de Deus podemos realmente entrar no núcleo da verdade que o próprio Deus nos quer dizer».[22]

Aquela robusta experiência de vida, alimentada pela Palavra de Deus, faz com que Jerónimo, por meio duma intensa correspondência epistolar, se torne guia espiritual. Faz-se companheiro de viagem, convencido de que «não há arte que se aprenda sem mestre», como es-

---

[21] FRANCISCO, *Mensagem por ocasião da XXIV Sessão Pública solene das Academias Pontifícias* (4 de dezembro de 2019): *L'Osservatore Romano* (ed. portuguesa de 10/XII/2019), 16.

[22] BENTO XVI, Exort. ap. pós-sinodal *Verbum Domini*, 30: *AAS* 102 (2010), 709.

creve a Rústico: isto mesmo «desejo fazer-te compreender, tomando-te pela mão, como se eu fosse um marinheiro que, tendo já passado pela experiência de vários naufrágios, tenta instruir um navegante inexperiente».[23] A partir daquele pacífico recanto do mundo, acompanha a humanidade numa época de grandes convulsões, marcada por acontecimentos como o saque de Roma, em 410, que o abalou profundamente.

Às cartas confia as polémicas doutrinais, sempre na defesa da reta fé, revelando-se homem de relações, vividas com força e doçura, num envolvimento pleno, sem formas adocicadas, experimentando que «o amor não tem preço».[24] Vive os seus afetos assim com ímpeto e sinceridade. Este envolvimento nas situações em que vive e labuta constata-se também no facto de oferecer o seu trabalho de tradução e comentário como *munus amicitiæ*. É um dom, em primeiro lugar, para os amigos, destinatários a quem dedica as suas obras pedindo-lhes que as leiam com um olhar mais benévolo do que crítico; e, depois, para os leitores, seus contemporâneos e de todos os tempos.[25]

---

[23] São Jerónimo, *Epistula* 125, 15.2: *CSEL* 56, 133.
[24] Idem, *Epistula* 3, 6: *CSEL* 54, 18.
[25] Cf. São Jerónimo, *Praef. Josue* 1, 9-12: *SCh* 592, 316.

Gasta os últimos anos da sua vida na leitura orante, pessoal e comunitária, da Escritura, na contemplação, no serviço aos irmãos através das suas obras. E realiza tudo isto em Belém, junto da gruta onde o Verbo foi dado à luz pela Virgem, ciente de que «feliz é aquele que carrega no seu íntimo a cruz, a ressurreição, o lugar do nascimento e da ascensão de Cristo! Feliz é aquele que tem Belém no seu coração, em cujo coração nasce Cristo cada dia!»[26]

A chave sapiencial do seu retrato

Para uma plena compreensão da personalidade de São Jerónimo, é necessário combinar duas dimensões caraterísticas da sua existência de crente: por um lado, a consagração absoluta e rigorosa a Deus, renunciando a qualquer satisfação humana, por amor de Cristo crucificado (cf. *1 Cor* 2, 2; *Flp* 3, 8.10); por outro, o empenho assíduo no estudo, visando exclusivamente uma compreensão cada vez maior do mistério do Senhor. É precisamente este duplo testemunho, admiravelmente oferecido por São Jerónimo, que

---

[26] São Jerónimo, *Homilia in Psalmum 95*: PL 26, 1181; ou então A. Capone (ed.), *59 Omelie sui Salmi (1-115)*, vol. IX/1 da coletânea «Opere di San Girolamo» (Città Nuova, Roma 2018), 357.

se propõe como modelo, antes de tudo, para os
monges, a fim de encorajar quem vive de ascese e
oração a dedicar-se ao labor assíduo da pesquisa
e do pensamento; e, depois, para os estudiosos a
fim de se recordarem que o conhecimento só é
válido religiosamente se estiver fundado no amor
exclusivo a Deus, no despojamento de toda a am-
bição humana e de toda a aspiração mundana.

Estas dimensões foram recebidas no campo
da história da arte, onde é frequente a presença de
São Jerónimo: grandes mestres da pintura ocidental deixaram-nos as suas representações. Podería-
mos organizar as várias tipologias iconográficas
segundo duas linhas distintas. Uma define-o sobretudo como monge e penitente, com um corpo macerado pelo jejum, retirado no deserto, de
joelhos ou prostrado por terra, em muitos casos
segurando uma pedra na mão direita para bater
no peito e com os olhos voltados para o Crucifi-
xo; coloca-se nesta linha a tocante obra-prima de
Leonardo da Vinci conservada na Pinacoteca do
Vaticano. Outra forma de representar Jerónimo é
a que no-lo mostra nas vestes de estudioso, sentado à sua escrivaninha, empenhado a traduzir e
comentar a Sagrada Escritura, rodeado de livros
e pergaminhos, investido na missão de defender
a fé através do pensamento e da escrita. Albrecht

Dürer – para citar outro exemplo ilustre – representou-o mais de uma vez nesta postura.

Os dois aspetos evocados encontram-se reunidos na pintura de Caravaggio, na Galeria Borghese de Roma: com efeito, numa única cena, o idoso asceta é apresentado sumariamente coberto por um pano vermelho, tendo sobre a mesa uma caveira, símbolo da vaidade das realidades terrenas, mas ao mesmo tempo é poderosamente representada também a qualidade do estudioso, que conserva os olhos fixos no livro enquanto a sua mão, no ato caraterístico do escritor, molha a pena no tinteiro.

De modo análogo – um modo que se poderia designar sapiencial –, devemos compreender o duplo perfil da trajetória biográfica de Jerónimo. Quando, como verdadeiro «Leão de Belém», exagerava nos tons, fazia-o em prol duma verdade da qual se considerava servidor incondicional. E, como ele próprio explica no primeiro dos seus escritos – *A Vida de São Paulo, Eremita de Tebas* –, os leões são capazes de «fortes rugidos», mas também de lágrimas.[27] Por isso, as duas fisionomias que aparecem justapostas na sua figura, na realida-

---

[27] IDEM, *Vita S. Pauli primi eremitae*, 16, 2: *PL* 23, 28; ou então B. DEGÓRSKI (ed.), *Opere storiche e agiografiche*, vol. XV da coletânea «Opere di San Girolamo» (Città Nuova, Roma 2014), 111.

de, são elementos com os quais o Espírito Santo lhe permitiu maturar a sua unidade interior.

Amor à Sagrada Escritura

O traço peculiar da figura espiritual de São Jerónimo é, sem dúvida, o seu amor apaixonado à Palavra de Deus, transmitida à Igreja na Sagrada Escritura. Se todos os Doutores da Igreja – e de forma particular os da primeira época cristã – extraíram explicitamente da Bíblia os conteúdos do seu ensinamento, Jerónimo fê-lo de maneira mais sistemática e, de certa forma, única.

Nos últimos tempos, os exegetas descobriram a genialidade narrativa e poética da Bíblia, exaltada precisamente pela sua qualidade expressiva; Jerónimo, ao contrário, destacava mais, na Escritura, o caráter humilde com que Deus Se revelou expressando-se na natureza áspera e quase primitiva da língua hebraica, quando comparada com o primor do latim ciceroniano. Portanto, não é por um gosto estético que ele se dedica à Sagrada Escritura, mas apenas – como é bem sabido – porque ela o leva a conhecer Cristo, pois a ignorância das Escrituras é ignorância de Cristo.[28]

---

[28] Cf. São Jerónimo, *In Isaiam Prol.*: *PL* 24, 17; ou então R. Maisano (ed.), *Commento a Isaia (1-4)*, vol. IV/1 da coletânea «Opere di San Girolamo» (Città Nuova, Roma 2013), 52-53.

Jerónimo ensina-nos que não se hão de estudar apenas os Evangelhos, nem se deve comentar só a tradição apostólica presente nos Atos dos Apóstolos e nas Cartas, uma vez que todo o Antigo Testamento é indispensável para penetrar na verdade e na riqueza de Cristo.[29] As próprias páginas do Evangelho o atestam: falam-nos de Jesus como Mestre que, para explicar o seu mistério, recorre a Moisés, aos profetas e aos Salmos (cf. *Lc* 4, 16-21; 24, 27.44-47). Também nos Atos, a pregação de Pedro e Paulo radica-se emblematicamente nas antigas Escrituras; sem elas, não se pode compreender plenamente a figura do Filho de Deus, o Messias Salvador. O Antigo Testamento não deve ser visto como um amplo repertório de citações que demonstram o cumprimento das profecias na pessoa de Jesus de Nazaré; pelo contrário, e mais radicalmente, só à luz das «figuras» veterotestamentárias é possível conhecer em plenitude o sentido do evento de Cristo, que se realizou na sua morte e ressurreição. Daí a necessidade de redescobrir, na práxis catequética e na pregação bem como nos estudos teológicos, a contribuição indispensável do Antigo Testamento, que há de ser lido

---

[29] Cf. CONC. ECUM. VAT. II, Const. dogm. *Dei Verbum*, 14.

e assimilado como alimento precioso (cf. *Ez* 3,
1-11; *Ap* 10, 8-11).[30]

A dedicação total de Jerónimo à Escritura
manifesta-se numa forma de expressão apaixo-
nada, semelhante à dos antigos profetas. É deles
que o nosso Doutor extrai o fogo interior, que
se torna palavra impetuosa e explosiva (cf. *Jr* 5,
14; 20, 9; 23, 29; *Ml* 3, 2; *Sir* 48, 1; *Mt* 3, 11; *Lc* 12,
49), necessária para expressar o zelo ardente do
servidor pela causa de Deus. Na esteira de Elias,
de João Batista e também do apóstolo Paulo, a
indignação de Jerónimo perante a mentira, a hi-
pocrisia e as falsas doutrinas inflama o seu dis-
curso, tornando-o provocatório e aparentemen-
te rude. A dimensão polémica dos seus escritos
compreende-se melhor, se for lida como uma
espécie de cópia e atualização da mais autêntica
tradição profética. Assim, Jerónimo é modelo de
testemunho inflexível da verdade, que assume a
severidade da censura para induzir à conversão.
Na intensidade das frases e imagens, manifesta-
-se a coragem do servidor que deseja agradar,
não aos homens, mas exclusivamente ao seu Senhor (cf. *Gal* 1, 10), por amor de quem gastou
todas as suas energias espirituais.

[30] Cf. *ibidem.*

O amor apaixonado de São Jerónimo às divinas Escrituras está imbuído de obediência: antes de tudo, obediência a Deus, que Se comunicou em palavras que exigem escuta reverente[31] e, consequentemente, obediência também a quantos na Igreja representam a tradição interpretativa viva da mensagem revelada. Entretanto a «obediência da fé» (*Rm* 1, 5; 16, 26) não é uma mera receção passiva daquilo que é conhecido; mas exige o empenho ativo da investigação pessoal. Podemos considerar São Jerónimo um «servidor» da Palavra, fiel e diligente, inteiramente consagrado a favorecer nos seus irmãos de fé uma compreensão mais adequada do «depósito» sagrado que lhes foi confiado (cf. *1 Tim* 6, 20; *2 Tim* 1, 14). Sem compreender o que foi escrito pelos autores inspirados, a própria Palavra de Deus carece de eficácia (cf. *Mt* 13, 19) e o amor a Deus não pode brotar.

Ora, as páginas bíblicas nem sempre são imediatamente acessíveis. Como se diz em Isaías (29, 11), mesmo para quantos sabem «ler» – isto é, aqueles que receberam uma suficiente formação intelectual – o livro sagrado apresenta-se «sela-

---

[31] Cf. *ibid.*, 7.

do», hermeticamente fechado à interpretação. Por isso, é necessário que intervenha uma testemunha habilitada para trazer a chave libertadora, a de Cristo Senhor, o único capaz de quebrar os selos e abrir o livro (cf. *Ap* 5, 1-10), para desvendar a prodigiosa efusão da graça (cf. *Lc* 4, 17-21). Aliás muitos, mesmo entre os cristãos praticantes, declaram-se abertamente incapazes de ler (cf. *Is* 29, 12), não por analfabetismo, mas por não estarem preparados para a linguagem bíblica, os seus modos de se expressar e as tradições culturais antigas, pelo que o texto bíblico resulta indecifrável, como se estivesse escrito num alfabeto desconhecido e numa língua enigmática.

Por isso, torna-se necessária a mediação do intérprete que exerça a sua função «diaconal», colocando-se ao serviço de quem não consegue compreender o sentido daquilo que foi escrito profeticamente. A figura que se pode evocar, a este respeito, é a do diácono Filipe, solicitado pelo Senhor para ir ao encontro do eunuco que, sentado no seu carro, está a ler uma passagem de Isaías (53, 7-8), mas sem poder desvendar o seu significado. «Compreendes verdadeiramente o que estás a ler?»: pergunta Filipe; e o eunuco responde: «E como poderei compreender, sem alguém que me oriente?» (*At* 8, 30-31).[32]

Jerónimo é o nosso guia, porque conduz cada leitor ao mistério de Jesus, como Filipe fez (cf. *At* 8, 35), e adota responsável e sistematicamente as mediações exegéticas e culturais necessárias para uma leitura correta e enriquecedora da Sagrada Escritura.[33] A competência nas línguas em que foi comunicada a Palavra de Deus, a análise e avaliação acuradas dos manuscritos, a investigação arqueológica exata, para além do conhecimento da história da interpretação, enfim todos os recursos metodológicos então disponíveis são utilizados por ele, de forma harmoniosa e erudita, em ordem a uma justa compreensão da Escritura inspirada.

Esta dimensão exemplar da atividade de São Jerónimo é muito importante também na Igreja de hoje. Se a Bíblia, conforme ensina a *Dei Verbum*, constitui «como que a alma da sagrada teologia»[34] e a espinha dorsal espiritual da prática religiosa cristã,[35] é indispensável que a ação de

---

[32] Cf. São Jerónimo, *Epistula* 53, 5: *CSEL* 54, 451; ou então S. Cola (ed.), *Le Lettere*, vol. II da coletânea «Opere di San Girolamo» (Città Nuova, Roma 1997), 54.

[33] Cf. Conc. Ecum. Vat. II, Const. dogm. *Dei Verbum*, 12.

[34] *Ibid.*, 24.

[35] Cf. *ibid.*, 25.

interpretar a Bíblia seja sustentada por específicas competências.

Para isso, servem certamente os centros especializados da investigação bíblica (como o *Pontificio Istituto Biblico* de Roma e, em Jerusalém, a *École Biblique* e o *Studium Biblicum Franciscanum*) e patrística (como o *Augustinianum* de Roma), mas também cada Faculdade de Teologia deve empenhar-se para que o ensino da Sagrada Escritura se encontre de tal modo programado que garanta aos alunos uma capacidade interpretativa competente, tanto na exegese dos textos como nas sínteses de teologia bíblica. Infelizmente, a riqueza da Escritura é ignorada ou minimizada por muitos, porque não lhes foram fornecidas as bases essenciais para o seu conhecimento. Por conseguinte, a par dum incremento dos estudos eclesiásticos, dirigidos a sacerdotes e catequistas, que proporcionem de forma mais adequada a competência na Sagrada Escritura, deve ser promovida uma formação alargada a todos os cristãos, para que cada um se torne capaz de abrir o livro sagrado e colher os seus frutos inestimáveis de sabedoria, esperança e vida.[36]

Quero lembrar aqui o que o meu Predecessor deixou expresso na exortação apostóli-

[36] Cf. *ibid.*, 21.

ca *Verbum Domini*: «É possível compreender a sacramentalidade da Palavra através da analogia com a presença real de Cristo sob as espécies do pão e do vinho consagrados. (...) Referindo-se à atitude que se deve adotar tanto em relação à Eucaristia como à Palavra de Deus, São Jerónimo afirma: "Lemos as Sagradas Escrituras. Eu penso que o Evangelho é o Corpo de Cristo; penso que as santas Escrituras são o seu ensinamento. E quando Ele fala em 'comer a minha carne e beber o meu sangue' (*Jo* 6, 53), embora estas palavras se possam entender do Mistério [Eucarístico], todavia também a palavra da Escritura, o ensinamento de Deus, é verdadeiramente o corpo de Cristo e o seu sangue"».[37]

Infelizmente, em muitas famílias cristãs – ao contrário do que se prescreve na *Torah* (cf. *Dt* 6, 6) –, não há ninguém que se sinta capaz de dar a conhecer aos filhos a Palavra do Senhor com toda a sua beleza e força espiritual. Por isso, quis instituir o Domingo da Palavra de Deus,[38] para encorajar a leitura orante da Bíblia e a familiari-

---

[37] N.º 56. A citação de São Jerónimo encontra-se *In Psalmum* 147: *CCL* 78, 337-338; ou então A. Capone (ed.), *59 Omelie sui Salmi (119-149)*, vol. IX/2 da coletânea «Opere di San Girolamo» (Città Nuova, Roma 2018), 171.

[38] Cf. Carta ap. sob forma de motu proprio *Aperuit illis* (30 de setembro de 2019).

dade com a Palavra de Deus.[39] Assim todas as outras manifestações de religiosidade serão enriquecidas de sentido, orientadas segundo a hierarquia dos valores e dirigidas para o vértice da fé, ou seja, a plena adesão ao mistério de Cristo.

A Vulgata

O «fruto mais doce da árdua sementeira»[40] que foi o estudo do grego e do hebraico, feito por Jerónimo, é a tradução do Antigo Testamento em latim a partir do original hebraico. Até então, os cristãos do Império Romano podiam ler integralmente a Bíblia apenas em grego: quanto aos livros do Novo Testamento, foram escritos em grego; para os do Antigo, havia uma versão completa, a chamada *Septuaginta* (ou seja, a versão dos Setenta), feita pela comunidade judaica de Alexandria por volta do século II (a.C.). Mas, para os leitores de língua latina, não existia uma versão completa da Bíblia na sua língua; havia apenas algumas traduções, parciais e incompletas, feitas a partir do grego. Cabe a Jerónimo – e, depois dele, aos seus continuadores – o mérito de ter empreendido uma revisão e uma nova tradução de toda a Escritura.

[39] Cf. FRANCISCO, Exort. ap. *Evangelii gaudium*, 152; 175: *AAS* 105 (2013), 1083-1084; 1093.

[40] SÃO JERÓNIMO, *Epistula* 52, 3: *CSEL* 54, 417.

Tendo começado em Roma, com o encorajamento do Papa Dâmaso, a revisão dos Evangelhos e dos Salmos, depois, já no seu retiro em Belém, lançou-se à tradução de todos os livros veterotestamentários diretamente do hebraico; uma obra, que se prolongou por vários anos.

Na realização deste trabalho de tradução, Jerónimo pôs a render o seu conhecimento do grego e do hebraico, bem como a sua sólida formação latina, e serviu-se dos instrumentos filológicos que tinha à sua disposição, em particular as *Hexapla* de Orígenes. O texto final combinava a continuidade nas fórmulas já de uso comum com uma maior aderência ao ditame hebraico, sem sacrificar a elegância da língua latina. O resultado é um verdadeiro monumento que marcou a história cultural do Ocidente, modelando a sua linguagem teológica. Superadas algumas repulsas iniciais, a tradução de Jerónimo tornou-se imediatamente património comum tanto dos eruditos como do povo cristão: daí o nome de *Vulgata*.[41] A Europa da Idade Média aprendeu a ler, rezar e raciocinar nas páginas da Bíblia traduzida por Jerónimo. «A Sagrada Escritura tornou-se, assim, uma espécie de "dicionário

---

[41] Cf. BENTO XVI, Exort. ap. pós-sinodal *Verbum Domini*, 72: *AAS* 102 (2010), 746-747.

imenso" (P. Claudel) e de "atlas iconográfico" (M. Chagall), onde foram beber a cultura e a arte cristã».[42] A literatura, as artes e a própria linguagem popular inspiraram-se constantemente na versão jeronimiana da Bíblia, deixando-nos tesouros de beleza e devoção.

Reconhecendo este facto incontestável, o Concílio de Trento estabeleceu o carácter «autêntico» da Vulgata no decreto *Insuper*, prestando homenagem ao uso secular que a Igreja dela fizera e atestando o seu valor como instrumento para o estudo, a pregação e as controvérsias públicas.[43] Com isso, porém, não se procurava minimizar a importância das línguas originais, como aliás Jerónimo não cessava de lembrar, e muito menos proibir novos empreendimentos de tradução integral no futuro. São Paulo VI, assumindo o mandato dos Padres do Concílio Vaticano II, quis que o trabalho de revisão da tradução da Vulgata fosse concluído e colocado à disposição de toda a Igreja. E, em 1979, São João Paulo II, mediante a constituição apostó-

<hr>

[42] São João Paulo II, *Carta aos artistas* (4 de abril de 1999), 5: *AAS* 91 (1999), 1159-1160.

[43] Cf. Denzinger-Schönmetzer, *Enchiridion Sym-bolorum*, 1506.

lica *Scripturarum thesaurus*,[44] promulgou a edição típica chamada *Neovulgata*.

A tradução como inculturação

Com esta sua tradução, Jerónimo conseguiu «inculturar» a Bíblia na língua e cultura latinas, tornando-se esta operação um paradigma permanente para a ação missionária da Igreja. Na verdade, «quando uma comunidade acolhe o anúncio da salvação, o Espírito Santo fecunda a sua cultura com a força transformadora do Evangelho»,[45] estabelecendo-se assim uma espécie de circularidade: se a tradução de Jerónimo é devedora à língua e à cultura dos clássicos latinos, cujos vestígios são bem visíveis, por sua vez ela, com a sua linguagem e o seu conteúdo simbólico e rico de imagens, tornou-se um elemento criador de cultura.

A obra de tradução de Jerónimo ensina-nos que os valores e as formas positivas de cada cultura constituem um enriquecimento para toda a Igreja. As várias maneiras, em que é anunciada, compreendida e vivida a Palavra de Deus em

[44] Publicada em 25 de abril de 1979; cf. *AAS* 71 (1979), 557-559.

[45] FRANCISCO, Exort. ap. *Evangelii gaudium*, 116: *AAS* 105 (2013), 1068.

cada nova tradução, enriquecem a própria Escritura, pois esta, segundo a conhecida expressão de Gregório Magno, cresce com o leitor,[46] recebendo novas acentuações e tonalidades ao longo dos séculos. A inserção da Bíblia e do Evangelho nas diferentes culturas faz com que a Igreja se manifeste cada vez mais como «*sponsa ornata monilibus suis* – uma noiva que se adorna com as suas joias» (*Is* 61, 10). E simultaneamente atesta que a Bíblia precisa de ser constantemente traduzida nas categorias linguísticas e mentais de cada cultura e de cada geração, mesmo na cultura secularizada global do nosso tempo.[47]

Foi lembrado, justamente, que é possível estabelecer uma analogia entre a tradução, enquanto ato de hospitalidade linguística, e outras formas de acolhimento.[48] Por isso, a tradução não é um trabalho que tem a ver unicamente com a linguagem, mas corresponde verdadeiramente a uma decisão ética mais ampla, que está ligada com a visão inteira da vida. Sem tradução, as diferentes comunidades linguísticas ver--se-iam impossibilitadas de comunicar entre si;

[46] Cf. *Hom. in Ezech.* I, 7: *PL* 76, 843D.

[47] Cf. Francisco, Exort. ap. *Evangelii gaudium*, 116: *AAS* 105 (2013), 1068.

[48] Cf. P. Ricœur, *Sur la traduction* (Bayard, Paris 2004).

fecharíamos as portas da história uns aos outros e negaríamos a possibilidade de construir uma cultura do encontro.[49] Com efeito, sem tradução, não se dá hospitalidade, antes pelo contrário, reforçam-se as ações de hostilidade. O tradutor é um construtor de pontes. Quantos juízos precipitados, quantas condenações e conflitos nascem do facto de ignorarmos a língua dos outros e de não nos aplicarmos, com tenaz esperança, a esta prova de amor infindável que é a tradução!

O próprio Jerónimo teve de se opor ao pensamento dominante do seu tempo. Se, nos alvores do Império Romano, era relativamente comum saber grego, já no tempo dele isso constituía uma raridade. E, contudo, ele tornou-se um dos melhores conhecedores da língua e literatura grecocristãs e empreendeu uma viagem ainda mais árdua quando, sozinho, se dedicou ao estudo do hebraico. Se, como está escrito, «os limites da minha linguagem são os limites do meu mundo»,[50] pode-se dizer que devemos ao poliglotismo de São Jerónimo uma compreensão do cristianismo mais universal e, simultaneamente, mais coerente com as suas fontes.

[49] Cf. FRANCISCO, Exort. ap. *Evangelii gaudium*, 24: *AAS* 105 (2013), 1029-1030.

[50] L. WITTGENSTEIN, *Tractatus logico-philosophicus*, 5.6.

Com a celebração do centenário da morte de São Jerónimo, o olhar volta-se para a vitalidade missionária extraordinária que se manifesta na tradução da Palavra de Deus em mais de três mil línguas. Muitos são os missionários, a quem se deve o precioso trabalho de publicação de gramáticas, dicionários e outros instrumentos linguísticos que proporcionam as bases para a comunicação humana e são um veículo para o «sonho missionário de chegar a todos».[51] É necessário valorizar todo este trabalho e investir nele, contribuindo para a superação das fronteiras da incomunicabilidade e falta de encontro. Ainda há muito que fazer. Como foi dito, não existe entendimento sem tradução:[52] não nos compreenderíamos a nós mesmos nem aos outros.

Jerónimo e a Cátedra de Pedro

Jerónimo teve sempre uma relação particular com a cidade de Roma: Roma é o porto espiritual aonde volta continuamente; em Roma, formou-se o humanista e forjou-se o cristão; ele é *homo romanus*. Esta ligação verifica-se, de modo muito

[51] FRANCISCO, Exort. ap. *Evangelii gaudium*, 31: *AAS* 105 (2013), 1033.
[52] Cf. G. STEINER, *After Babel. Aspects of language and translation* (Oxford University Press, New York 1975).

peculiar, com a língua da cidade, o latim, de que foi mestre e cultor, mas verifica-se sobretudo com a Igreja de Roma, designadamente a Cátedra de Pedro. Embora anacronicamente, a tradição iconográfica retratou-o com a púrpura cardinalícia, para evidenciar a sua pertença ao presbitério de Roma junto do Papa Dâmaso. Foi em Roma que começou a revisão da tradução. E mesmo quando as invejas e incompreensões o forçaram a deixar a cidade, sempre permaneceu intensamente ligado à Cátedra de Pedro.

Para Jerónimo, a Igreja de Roma é o terreno fecundo onde a semente de Cristo produz fruto abundante.[53] Num período turbulento, em que a túnica inconsútil da Igreja muitas vezes acaba dilacerada pelas divisões entre os cristãos, Jerónimo olha para a Cátedra de Pedro como ponto de referência seguro: «Eu, que não sigo mais ninguém senão Cristo, uno-me em comunhão com a Cátedra de Pedro. Eu sei que sobre esta pedra está edificada a Igreja». No meio das disputas com os arianos, escreve a Dâmaso: «Quem não junta contigo, desperdiça; quem não é de Cristo, é do anticristo».[54]

[53] Cf. São Jerónimo, *Epistula* 15, 1: *CSEL* 54, 63.
[54] Idem, *Epistula* 15, 2: *CSEL* 54, 62-64.

Por isso, pode também afirmar: «Eu estou com todo aquele que estiver na cátedra de Pedro».[55]

Jerónimo encontrou-se frequentemente envolvido em ásperas disputas pela causa da fé. O seu amor à verdade e a defesa ardente de Cristo talvez o tenham levado a algum excesso de violência verbal nas suas cartas e livros. Contudo o objetivo que guia a sua vida é a paz: «A paz, quero-a também eu; e não só a desejo, mas imploro-a! Entendo, porém, a paz de Cristo, a paz autêntica, uma paz sem resíduos de hostilidade, uma paz que não abrigue em si a guerra; não a paz que subjuga os adversários, mas a que nos une em amizade!»[56]

O nosso mundo precisa, mais do que nunca, do remédio da misericórdia e da comunhão. Deixai-me repetir uma vez mais: ofereçamos um testemunho de comunhão fraterna, que se torne fascinante e luminoso.[57] «Por isto é que todos conhecerão que sois meus discípulos: se vos amardes uns aos outros» (*Jo* 13, 35). Foi o pedido que Jesus fez ao Pai numa intensa oração: «Que todos sejam um só (...) em Nós e o mundo creia» (*Jo* 17, 21).

[55] IDEM, *Epistula* 16, 2: *CSEL* 54, 69.
[56] IDEM, *Epistula* 82, 2: *CSEL* 55, 109.
[57] Cf. Exort. ap. *Evangelii gaudium*, 99: *AAS* 105 (2013), 1061.

Ao concluir esta Carta, desejo fazer mais um apelo a todos. Entre muitos elogios feitos a São Jerónimo pelos seus vindouros, encontra-se este: não foi considerado simplesmente um dos maiores cultores da «biblioteca» de que se nutre o cristianismo ao longo dos tempos, a começar pelo tesouro da Sagrada Escritura, mas aplica-se-lhe aquilo que ele mesmo escreveu sobre Nepociano: «Com a leitura assídua e a meditação constante, fizera do seu coração uma biblioteca de Cristo».[58] Jerónimo não poupou esforços para enriquecer a sua biblioteca, vendo nela um laboratório indispensável para a compreensão da fé e para a vida espiritual; e, nisto, constitui um exemplo admirável também para o presente. Mas ele foi mais longe! O estudo não se limitou aos anos juvenis da formação, mas foi um compromisso constante, uma prioridade de cada dia da sua vida. Enfim, podemos dizer que ele assimilou uma biblioteca inteira e tornou-se dispensador de ciência para muitos outros. No século IV, Postumiano, que viajou pelo Oriente para descobrir movimentos monásticos, foi testemunha ocular do estilo de vida de Jerónimo, com quem viveu alguns meses,

[58] São Jerónimo, *Epistula* 60, 10: *CSEL* 54, 561.

tendo-o descrito assim: «Encontra-se todo embrenhado na leitura, todo embrenhado nos livros; não descansa de dia nem de noite; sempre está a ler ou a escrever qualquer coisa».[59]

A propósito, penso muitas vezes na experiência que pode fazer hoje um jovem quando entra numa livraria da sua cidade ou num site da Internet e procura lá o setor dos livros religiosos. Quando existe, na maioria dos casos trata-se de um setor que não só é marginal, mas carece de obras substanciosas. Examinando aquelas estantes ou as páginas em rede, dificilmente um jovem poderia compreender como a investigação religiosa seja uma aventura apaixonante que une pensamento e coração; como a sede de Deus tenha inflamado grandes mentes no decurso dos séculos até hoje; como o amadurecimento da vida espiritual tenha contagiado teólogos e filósofos, artistas e poetas, historiadores e cientistas. Um dos problemas atuais – e não só da religião – é o analfabetismo: faltam as habilitações hermenêuticas que nos tornem intérpretes e tradutores credíveis da nossa própria tradição cultural. De forma especial aos jovens, quero lançar um desafio: parti à procura da vossa herança. O cristianismo torna-vos herdeiros dum patrimó-

---

[59] Sulpicius Severus, *Dialogus* I, 9, 5: *SCh* 510, 136-138.

nio cultural insuperável, do qual deveis tomar posse. Apaixonai-vos por esta história, que é vossa. Tende a ousadia de fixar o olhar naquele jovem inquieto que foi Jerónimo; ele, como a personagem da parábola de Jesus, vendeu tudo quanto possuía para comprar a «pérola de grande valor» (*Mt* 13, 46).

Verdadeiramente Jerónimo é a «Biblioteca de Cristo», uma biblioteca perene que, passados dezasseis séculos, continua a ensinar-nos o que significa o amor de Cristo, um amor inseparável do encontro com a sua Palavra. Por isso, o centenário atual constitui um apelo a amar o que Jerónimo amou, redescobrindo os seus escritos e deixando-se tocar pelo impacto duma espiritualidade que se pode descrever, no seu núcleo mais vital, como o desejo inquieto e apaixonado dum conhecimento maior do Deus da Revelação. Como podemos deixar de ouvir, em nossos dias, aquilo a que Jerónimo instigava sem cessar os seus contemporâneos: «Lede com muita frequência as divinas Escrituras; aliás, que o Livro Sagrado nunca seja deposto das vossas mãos»?[60]

Exemplo luminoso é a Virgem Maria, evocada por Jerónimo sobretudo na sua maternidade virginal, mas também na sua atitude de leitora

---

[60] São Jerónimo, *Epistula* 52, 7: *CSEL* 54, 426.

orante da Escritura. Maria meditava no seu coração (cf. *Lc* 2, 19.51) «porque era santa e lera a Sagrada Escritura, conhecia os profetas e lembrava-se do que o anjo Gabriel Lhe anunciara e fora vaticinado pelos profetas (...), via o recém-nascido que era seu filho, o seu único filho que jazia e chorava naquele presépio, mas verdadeiramente a quem Ela via ali deitado era o Filho de Deus. O que Ela via comparava-o com quanto lera e ouvira».[61] Confiemo-nos a Ela, que pode, melhor do que ninguém, ensinar-nos como ler, meditar, rezar e contemplar a Deus que Se faz presente na nossa vida, sem nunca Se cansar.

Roma, em São João de Latrão, na Memória litúrgica de São Jerónimo, 30 de setembro do ano 2020, oitavo do meu pontificado.

Franciscus

---

[61] IDEM, *Homilia de nativitate Domini* IV: *PL Suppl.* 2, 191.

ÍNDICE

FRANCISCO

Carta Apostólica

Scripturae Sacrae affectus

no XVI centenário da morte de São Jerónimo